タルト
フレッシュ＆ベイクド

WOLD PASTRIES

鰤岡和子

河出書房新社

STRAWBERRY

Fresh

BAKED

CHERRY

FRESH

BAKED

PEAR

FRESH

BAKED

CONTENTS

10　この本で作るタルトについて

12　基本の生地について
　　13　パート・シュクレ生地の作り方
　　15　パート・ブリゼ生地の作り方

18　クレーム・ダマンドについて

24　クレーム・パティシエールの作り方
54　クランブルの作り方
55　アパレイユの作り方
92　材料について

FRESH TARTE

22　フルーツタルト

26　いちごのタルト

28　いちご＆カスタード

30　いちじく

32　いちじくの小さなタルト

34　ブルーベリー

36　桃

38　アメリカンチェリー

40　洋梨（バートレット）

42　マンゴー＆ココナッツ

44　マロン

45　柿

BAKED TARTE

50　アップルタルト

52　アップル＆クランブル

56　アメリカンチェリークラフティ

58　いよかん＆ミント

60　ストロベリー＆クランブル

62　レモンタルト

64　バナナ＆ココナッツ

64　チョコレート

68　いちじく＆ルバーブジャム

70　オレンジ＆ナッツ

72　くるみ

74　いちご＆抹茶クランブル

76　チーズタルト

78　プルーン＆クリームチーズ

80　ブルーベリー＆クランブル

82　洋梨＆カシス

84　ルバーブ＆クランブル

86　杏＆くるみ

88　かぼちゃ

90　マロン＆クランブル

この本のレシピについて

・卵はM玉（正味約50g）を使用しています。

・生クリームは乳脂肪分45％の動物性のものを使用しています。

・オーブンは機種によって加熱温度、加熱時間、焼き上がりの状態が異なります。表記の時間を目安とし、様子をみながら調整してください。

・タルトを空焼きするときには、型を天板にのせて焼いてください。空焼きしたタルト台にクレームやアパレイユ、フルーツなどをのせて焼き上げるときには、型をクーラーにのせた状態でオーブンに入れ、焼いてください。

・タルト生地は焼く前にしっかりと休ませることで焼き縮みが少なくなりますが、生地の状態やオーブンによって違いが生じます。中に入れるクレーム・ダマンドやアパレイユなどの分量は、焼き上がったタルト台にあわせ調整してください。

この本で作るタルトについて

タルトは、生地、クリーム、具材・トッピングで構成されるお菓子。
基本的な構成は同じですが、サイズを変えたり、生地やクリームを変えたり、
具材の組み合わせ次第で、さまざまなタルトを作ることができます。

型

この本では直径22cm、18cm、16cmのタルト型と直径8cmのセルクル、長辺が22cmの長方形の型を使っています。タルト型は底がはずれるタイプのものを使いましょう。深さはタルト型は約2.5cmほど、セルクル型は約1.5cmほどです。はじめて作る方は8cmか16cmがおすすめです。特にフレッシュタルトをホールで作るときは、大きいサイズだとフルーツを盛り付けるのが難しく感じられるかもしれません。まずは小さなサイズからはじめてみましょう。

生地

タルト作りは、まず型に生地を敷き、生地だけを焼くところからはじまります（空焼き）。さくさくした食感と粉のうまみが詰まった生地は、タルトの魅力の一つ。この本では2種類の生地を紹介しています（p12参照）。焼き縮みが少ないように、生地を型に敷いて休ませてから焼きます。

クリーム／アパレイユ

生地とフルーツなどの具材との間で、それぞれの味を引き立ててくれる存在。タルトの定番はクレーム・ダマンド（p18参照）。フルーツやチョコチップ、ナッツなどと一緒にタルト台に詰めます。クレーム・ダマンド以外には、生クリームや卵をメインにして作る液状のアパレイユ（p55参照）も。また、チーズタルトではチーズクリームが、チョコレートタルトではチョコガナッシュがそれぞれ使われます。

Ready to eat!

具材／トッピング

生地とクリームに、フルーツやナッツなどを具材としてのせていきます。具材をのせていっしょに焼きこんだベイクドタルト、クレーム・パティシエール（p24参照）や生クリームとともにフルーツを盛り付けたフレッシュタルト。どちらも具材次第で、タルトのバリエーションが広がります。また、味のアクセントや飾り付けの意味でのせるスパイスやハーブの存在も重要です。

11

WOLD PASTRIESのタルトは、ざくざくとした食感が特徴。一般的なタルト生地の材料に、小麦ふすまを加え、香ばしさと食感を意識して作っています。また「パート・シュクレ」と「パート・ブリゼ」という2種類の生地を使い分けています。シュクレとはフランス語で「砂糖」のこと。パート・シュクレは甘みがあり、さっくりとした食感が特徴の生地です。ブリゼとはフランス語で「もろい」という意味。パート・ブリゼはさくさくとした食感の甘さひかえめの生地です。

16cm以上のホールのタルトを作るときにはパート・ブリゼを使います。大きなタルトにはクリームやフルーツがたっぷりのりますので、甘みをおさえた生地を使うことで、それぞれの甘さ、みずみずしさ、粉のうまみが生きてくるような気がするのです。8cmのセルクルでタルトレットを作るときは、クリームやフルーツとの一体感を大切にして、甘みが感じられるパート・シュクレを使います。

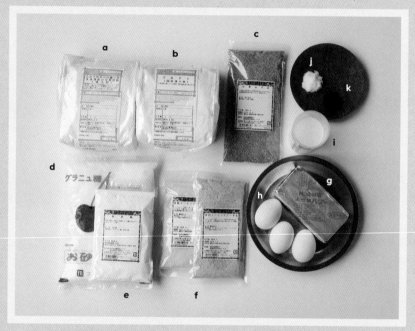

材料提供：a〜g富澤商店、i中沢乳業

a 強力粉：パート・ブリゼを作るときに使用。焼き上がりのざくっとした食感が強まる。打ち粉にも。

b 薄力粉：パート・シュクレ、パート・ブリゼの両方に使用。

c 小麦ふすま：小麦の外皮部分で「ブラン」ともいわれます。加えることで、焼き上がりの食感がよくなり、滋味深い味わいに。

d グラニュー糖：パート・ブリゼを作るときに使用。

e 粉砂糖：パート・シュクレを作るときに使用。粒子が細かいのでバターにすりこんで使うときになじみやすい。

f アーモンドプードル（皮なし、皮付き）：アーモンドを粉末状にしたもの。皮付きを加えると、香りと風味が豊かな生地に仕上がる。

g バター（食塩不使用）：食塩不使用のものを使う。

h 卵：生地作りには、M玉（正味約50g）を全卵使用する。

i 牛乳：パート・ブリゼを作るときに使用。

j 塩：パート・シュクレ、パート・ブリゼともに使用。味を調える。

k エスプレッソ粉：パート・シュクレの生地に混ぜ、エスプレッソ風味の生地にすることができる。

パート・シュクレ生地の作り方

材料

仕上がり量約760g

・直径8cm×高さ1.5cmの
　セルクル21〜22台分

・1台35g使用

・生地は工程10の状態
　で冷凍保存が可能

バター（食塩不使用）… 180g

粉砂糖 … 110g

卵 … 1個

アーモンドプードル … 26g

皮付きアーモンドプードル … 10g

小麦ふすま … 55g

薄力粉 … 320g

塩 … 小さじ½

※エスプレッソ風味の生地は以下の材料を追加

エスプレッソ粉 … 15g

＊バターは室温に戻す。
＊粉砂糖はふるう。
＊アーモンドプードル、皮付きアーモンドプードル
はあわせて粗めのふるいでふるう。
＊薄力粉と塩はあわせてふるう。

作り方

1 ボウルにバターを入れ、木ベラでよく混ぜる。

2 粉砂糖を加え、粉っぽさがなくなるまでよく混ぜる。

3 卵を溶き、2に少しずつ加えて、混ぜる。

4 アーモンドプードルを加えて、混ぜる。

5 小麦ふすまを加えて、混ぜる。
＊エスプレッソ粉を混ぜるときは、ここで混ぜる。

6 薄力粉と塩を入れ、カードで切り混ぜる。

7 手の平で押しながら、生地をまとめる。

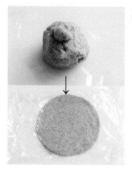

8 生地がまとまったら1台分35gずつに分ける。
↓
ラップをかけて直径11cmほどの円形にのばし、冷蔵庫で1時間以上休ませる。

Point

ここでは、マスカルポーネチーズの容器の蓋を利用して、手軽に円形にのばしています。

9 型に生地をのせ、底までしっかり生地を押し込み、ふちの高さも整える。

10 ラップをかけ、冷凍庫で休ませる。この状態で冷凍保存が可能(1週間)。

11 アルミ箔を敷いて重石をのせ、170℃に予熱したオーブンで12〜13分焼く。

12 焼き色がついたら取り出し、クーラーにのせる。重石とアルミ箔をはずし、冷ます。

Point

型からはずれにくいときは、ペティナイフを型と生地の間に入れ、ぐるりと1周させる。

パート・ブリゼ生地の作り方

材料

🏳 仕上がり量約480g

- 直径22cm /250g、直径18cm /180g、直径16cm /150g使用
- 生地は工程14の状態で冷凍保存が可能

A {
薄力粉 … 120g
強力粉 … 120g
グラニュー糖 … 20g
塩 … 5g
}
バター（食塩不使用） … 140g
卵 … 1個
牛乳 … 25g

＊Aを計量し、保存袋に入れて一晩冷蔵庫で冷やす。
＊バターは細かいサイコロ状に切り、冷蔵庫で冷やす。

作り方

1 ボウルにAの粉類をふるい入れる。

2 バターを加えて、カードで切り混ぜる。バターが2～3mm角になり、さらさらとした状態になるまでよく切り混ぜる。

3 溶いた卵と牛乳をあわせたものを2に加え、カードで切り混ぜる。

4 手の平で押しながら生地をまとめる。

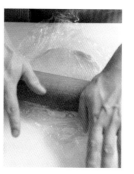

5 作りたい大きさの型に
あわせた分量をひとまとめ
にし、ラップで包む。

6 めん棒で直径20cmほどの円形にのばす。このときのサ
イズは型のサイズにあっていなくて構わない。

7 ラップでしっかりと包
み、冷蔵庫で一晩休ませ
る。

8 型にあわせた大きさに
のばすため、台と生地に打
ち粉（強力粉）をする。

9 めん棒で均等な厚さにのばす。中心から外側に向けて
めん棒を動かすと厚さが均等になる。

Point

サイズは型よりも周囲が4
〜5cm大きいくらいが目安。

10 型に生地をのせる。

11 底までしっかり生地を押し込み、生地のふちを型に
しっかり入れる。

Memo

型からはみ出た生地を、上からめん棒を転がしてカットする方法もありますが、WOLD PASTRIESでは生地を内側に押し込んで全部使い切ってしまいます。端の生地が厚くなり、食べごたえが出て、生地のおいしさを楽しめます。

12 型の高さより出た生地は、内側に押し込むようにして整える。

13 数か所、フォークで空気穴をあける。

14 ラップをぴったりとかけ、冷凍庫で休ませる。この状態で冷凍保存が可能（1週間）。

15 生地を天板にのせる。アルミ箔を敷いて重石をのせ、170℃に予熱したオーブンで30〜32分焼く。様子を見ながら、焼き時間は調整すること。

16 焼き色がついたら取り出し、クーラーにのせる。重石とアルミ箔をはずし、冷ます。

クレーム・ダマンドについて

タルトを作るのに欠かせないのが、クレーム・ダマンド（アーモンドクリーム）です。これはタルト生地に詰めて焼くクリームで、クレーム・パティシエール（カスタードクリーム）のような飾りに使うクリームとは違い、タルトの土台となります。クレーム・ダマンドが主役のアマンディーヌというタルトがあるほどです。アーモンドプードル、バター、粉砂糖、卵が同量の配合であることが基本とされていますが、この本ではそれ以外の材料もプラスして深みを出し、甘さをひかえめに調整しています。

タルトに詰めるときに、ダマンドとダマンドの間にフルーツやチョコチップ、ナッツなどを入れたり、刻んだドライフルーツをダマンドに混ぜ込んだり、さまざまなアレンジができるのも楽しいところです。ラム酒などを少し混ぜて香りづけすることもあります。

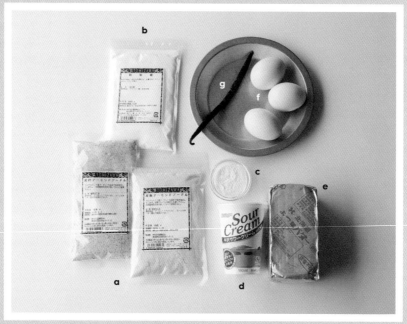

材料提供：a,b,e 富澤商店、c,d 中沢乳業

a アーモンドプードル（皮なし、皮付き）：アーモンドを粉末状にしたもの。皮付きを加えると、香りと風味が豊かなクレーム・ダマンドに仕上がる。

b 粉砂糖：粒子が細かいのでバターにすりこんで使うときになじみやすい。

c スキムミルク：少量入れることで、風味が増す。アーモンドの味わいをより引き立たせてくれる。なければ入れなくてもよい。

d サワークリーム：アーモンドの風味を引き立たせてくれ、少しさっぱりとした口当たりに。

e バター（食塩不使用）：食塩不使用のものを使う。

f 卵：M玉（正味約50g）を全卵使用する。

g バニラビーンズ：香りづけに。ナイフで縦にさき、中の種をしごき出して使う。

材料　　🏴 仕上がり量740g

バター（食塩不使用）… 200g

粉砂糖 … 150g

スキムミルク … 8g

サワークリーム … 30g

卵 … 3個

バニラビーンズ … ¼さや分

アーモンドプードル … 135g

皮付きアーモンドプードル … 65g

＊バターは室温に戻す。
＊粉砂糖とスキムミルクはあわせてふるう。
＊アーモンドプードルは粗めのふるいでふるう。
＊卵を溶き、バニラビーンズを加えて混ぜる。

作り方

1 バターをボウルに入れ、木ベラでクリーム状にする。

2 粉砂糖とスキムミルクを入れ、混ぜる。

3 粉っぽさがなくなるまで、混ぜる。

4 サワークリームを加えて、混ぜる。

5 バニラビーンズを加えて混ぜた卵を少量ずつ加え、その都度よく混ぜる。なるべく空気を入れないようにする。分離した場合は、アーモンドプードルを少し加えて混ぜ、生地をつなぐ。

6 混ぜ終えた状態。

7 アーモンドプードルを加えて、よく混ぜる。

8 保存容器に移し、ラップをぴっちりとかけて冷蔵庫で一晩休ませる。この状態で冷蔵保存が可能（1週間）。

FRESH TARTE

フレッシュタルト

生のフルーツをたっぷりのせて作るフレッシュタルト。
フルーツのみずみずしさとクリームのなめらかさが魅力です。

フルーツタルト

材料 　🔪 直径18cmのタルト型 1台分

パート・ブリゼ生地 … 180g
（→p15-17参照）

クレーム・ダマンド … 100g
（→p18-19参照）

オレンジピール … 20g

コアントロー … 5g

ブルーベリー、ラズベリー … 各6〜7粒

オレンジ … ½個

グレープフルーツ … ¼個

ピンクグレープフルーツ … ¼個

キウイフルーツ … ¼個

バナナ … ½本

ぶどう … 3〜4粒

クレーム・パティシエール … 150g
（→p24-25参照）

生クリーム … 60g

┌ ナパージュ・ヌートル … 10g
│ 水 … 15g
└ 赤ワイン … 少々

＊小鍋にナパージュ・ヌートル、水を入れて弱〜中火
にかける。混ぜながらかるく沸騰させたあと、赤ワイ
ンを加えて混ぜる。粗熱を取ってから使う。

作り方

空焼き（→p15-17参照）
パート・ブリゼ生地で直径18cmのタルト台を作る。170℃に予熱
したオーブンで30〜32分空焼きする。きつね色に焼き上がったら、
重石とアルミ箔をはずして、クーラーにのせて冷ます。

1 オレンジピールをクレーム・ダマンドに加え、混ぜる。タルト台
　にクレーム・ダマンドを詰める。

2 170℃に予熱したオーブンにクーラーごと入れ、40分ほど焼く。
　焼き上がったらオーブンから取り出し、すぐに表面にコアント
　ローをぬる。粗熱が取れたら型からはずし、しっかりと冷ます。

3 オレンジ、グレープフルーツ、ピンクグレープフルーツは厚く
　皮をむいて、ひと房ごとにナイフを入れて切り出す。キウイフル
　ーツは7mmほどの厚さのいちょう切りにする。ぶどうは皮をむく。
　バナナは輪切りにする［a］。

┌─ *Memo* ─────────────────────────┐
バナナは、白いままだと全体の印象がぼやけてしまうので、お店の
フルーツタルトのバナナはバーナーで焦げ目をつけています。バーナ
ーがない場合は、そのままで構いません。
└────────────────────────────────┘

4 クレーム・パティシエールを作る（→p24-25参照）。6mmの口金を
　つけたしぼり袋に入れて、2の表面に中心からぐるぐるとしぼり
　［b］、平らにならす［c］。

5 9分立てにした生クリームを4の上にのせ、広げる［d］。

6 フルーツを外側から盛り付ける［e］。真ん中がこんもりと高く
　なるように重ねていき、クリームが見えないように盛り付ける。

7 赤ワインを混ぜたナパージュをぬる［f］。

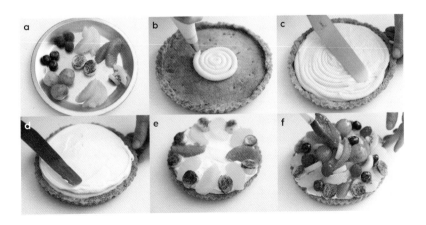

クレーム・パティシエールの作り方

フレッシュなフルーツをタルトに盛り付けるときに、いっしょに使いたいのがクレーム・パティシエール（カスタードクリーム）です。なめらかな口当たりになるように作りましょう。

材料　　　　🏴 仕上がり量約380g

卵黄 … 2個分	牛乳 … 200g
グラニュー糖 … 30g	バニラビーンズ … 1/3さや分
薄力粉 … 18g	バター（食塩不使用）… 12g

＊薄力粉はふるっておく。

作り方

1 ボウルに卵黄を入れ、泡立て器で混ぜる。

2 グラニュー糖を加え、白っぽくなるまでよく混ぜる。

3 2に薄力粉を加え、粉っぽさがなくなるまで混ぜる。

4 鍋（ここでは銅製のボウル）に牛乳とバニラビーンズのさやをしごいて入れ、強火にかける。

5 沸騰直前で火を止め、漉しながら少しずつ3に入れ、ダマにならないようにしながら混ぜる。

6 鍋（ここでは銅製のボウル）に移して強火にかけ、焦げないように泡立て器で混ぜる。

7 もったりしてきたらゴムベラに持ちかえる。いったんかたくなり、そのうちコシが切れてやわらかくなるので、それまで焦げないように混ぜ続ける。

8 火を止めてバターを加え、混ぜる。

9 バットに移す。

10 平らにのばし、粗熱を取る。

11 粗熱が取れたらぴっちりとラップをかけ、冷蔵庫で一晩休ませる。

12 使用するときに、裏ごしをしてなめらかにする。

Memo

クレーム・パティシエールを使うときに、泡立てた生クリームを少量混ぜると、少し口当たりが軽くなり、フレッシュなフルーツとも相性がよくなります。

13 9分立てにした生クリームをクレーム・パティシエールに加え、さっくりと混ぜる。

25

いちごのタルト

材料 🔪 直径22cmのタルト型 1台分

パート・ブリゼ生地 … 250g
(→p15-17参照)

クレーム・ダマンド … 570g
(→p18-19参照)

フランボワーズジャム … 50g

いちご … 10粒

いちご … 2パック (約600g)

生クリーム … 100g

溶けない粉砂糖 … 適量

ピスタチオ (刻み) … 適量

┌ ナパージュ・ヌートル … 10g

│ 水 … 15g

└ 赤ワイン … 少々

＊小鍋にナパージュ・ヌートル、水を入れて弱〜中火にかける。混ぜながらかるく沸騰させたあと、赤ワインを加えて混ぜる。粗熱を取ってから使う。

作り方

空焼き (→p15-17参照)
パート・ブリゼ生地で直径22cmのタルト台を作る。170℃に予熱したオーブンで32〜35分空焼きする。きつね色に焼き上がったら、重石とアルミ箔をはずして、クーラーにのせて冷ます。

1 タルト台にクレーム・ダマンド⅓量を広げ、フランボワーズジャム、5mm角に切ったいちご (10粒分) を入れ、残りのクレーム・ダマンドを詰める。

2 170℃に予熱したオーブンにクーラーごと入れ、40分ほど焼く。焼き上がったらオーブンから取り出す。粗熱が取れたら型からはずし、しっかりと冷ます[a]。

3 9分立てにした生クリームを2の上にのせ、広げる[b]。

4 いちごはヘタを取り、縦半分に切る。いちごの先端がはみ出すように3の縁に並べ、外側から内側に向かって、すきまなく並べる[c, d]。さらに残りのいちごを¼に切り、すきまを埋めるようにのせる[e, f]。

5 赤ワインを混ぜたナパージュをぬる[g]。

6 縁に並べたいちごに粉砂糖をふり[h]、粉砂糖の内側にピスタチオをふる[i]。

いちご & カスタード

材料　🏴 直径8cmのセルクル 10台分

パート・シュクレ生地 … 350g
(→p13-14参照)

クレーム・ダマンド … 400g
(→p18-19参照)

フランボワーズジャム … 50g

いちご … 10粒

いちご … ½パック (150g)

生クリーム … 100g

クレーム・パティシエール … 400g
(→p24-25参照)

作り方

空焼き(→p13-14参照)
パート・シュクレ生地で直径8cmのタルト台を作る。170℃に予熱したオーブンで12〜13分空焼きする。きつね色に焼き上がったら、重石とアルミ箔をはずして、クーラーにのせて冷ます。

1 タルト台にクレーム・ダマンド⅓量を広げ、フランボワーズジャム、5mm角に切ったいちご（10粒分）を入れ、残りのクレーム・ダマンドを詰める。

2 170℃に予熱したオーブンにクーラーごと入れ、32分ほど焼く。焼き上がったらオーブンから取り出す。粗熱が取れたら型からはずし、しっかりと冷ます。

3 クレーム・パティシエールを作る（→p24-25参照）。1cmの口金をセットしたしぼり袋に入れ、2の中心にしぼる[a]。

4 3のクレームにはりつけるようにして、½に切ったいちごをのせる[b]。

5 9分立てにした生クリームを6mmの口金をセットしたしぼり袋に入れ、4の上にしぼる[c]。

6 残りの½に切ったいちごをのせる。

いちじく

材料　🔪 直径22cmのタルト型 1台分

パート・ブリゼ生地 … 250g
（→p15-17参照）

クレーム・ダマンド … 570g
（→p18-19参照）

いちじくジャム … 50g

いちじく … 2パック（8〜10個）

生クリーム … 100g

┌ ナパージュ・ヌートル … 10g
│ 水 … 15g
└ 赤ワイン … 少々

＊小鍋にナパージュ・ヌートル、水を入れて弱〜中火
にかける。混ぜながらかるく沸騰させたあと、赤ワイ
ンを加えて混ぜる。粗熱を取ってから使う。

作り方

空焼き（→p15-17参照）
パート・ブリゼ生地で直径22cmのタルト台を作る。170℃に予熱したオーブンで30〜32分空焼きする。きつね色に焼き上がったら、重石とアルミ箔をはずして、クーラーにのせて冷ます。

1 タルト台にクレーム・ダマンド⅓量を広げ、いちじくジャムを入れ、残りのクレーム・ダマンドを詰める。

2 170℃に予熱したオーブンにクーラーごと入れ、40分ほど焼く。焼き上がったらオーブンから取り出す。粗熱が取れたら型からはずし、しっかりと冷ます。

3 9分立てにした生クリームを2の上にのせ、広げる［a］。

4 いちじくを薄いくし形に切り、タルト台の外側から内側へ並べる［b, c］。1周ごとにいちじくを重ねる向きを逆にすると崩れにくく、きれいに仕上がる。

5 赤ワインを混ぜたナパージュをぬる［d］。

いちじくの小さなタルト

材料　　🔺 直径8cmのセルクル 10台分

パート・シュクレ生地 … 350g
(→p13-14参照)

クレーム・ダマンド … 450g
(→p18-19参照)
いちじくジャム … 100g

いちじく … 10個
いちじくジャム … 200g
生クリーム … 100g

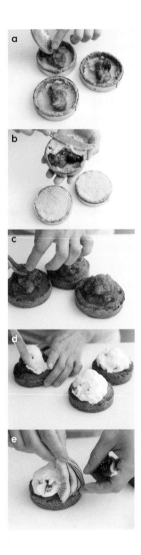

作り方

空焼き（→p13-14参照）
パート・シュクレ生地で直径8cmのタルト台を作る。170℃に予熱したオーブンで12〜13分空焼きする。きつね色に焼き上がったら、重石とアルミ箔をはずして、クーラーにのせて冷ます。

1　タルト台にクレーム・ダマンド⅓量を広げ、いちじくジャムを1台10gずつ入れ [**a**]、残りのクレーム・ダマンドを詰める [**b**]。

2　170℃に予熱したオーブンにクーラーごと入れ、32分ほど焼く。焼き上がったらオーブンから取り出す。粗熱が取れたら型からはずし、しっかりと冷ます。

3　いちじくジャムを**2**の上にこんもりと盛る（1台20g）[**c**]。

4　9分立てにした生クリームを**3**の上にのせる [**d**]。

5　いちじくを縦に薄くスライスし、少しずつずらしながら**4**に放射状に並べる [**e**]。

ブルーベリー

材料　🔪 直径16cmのタルト型 1台分

パート・ブリゼ生地 … 150g
(→p15-17参照)

クレーム・ダマンド … 240g
(→p18-19参照)

ブルーベリー … 20g

ブルーベリージャム … 20g

ブルーベリー … 2パック (約200g)

生クリーム … 50g

作り方

空焼き(→p15-17参照)
パート・ブリゼ生地で直径16cmのタルト台を作る。170℃に予熱したオーブン
で30〜32分空焼きする。きつね色に焼き上がったら、重石とアルミ箔をはずし
て、クーラーにのせて冷ます。

1　タルト台にクレームダマンド⅓量を広げ、ブルーベリージャム、ブルーベリ
　　ー20gを入れる。残りのクレーム・ダマンドを詰める。

2　170℃に予熱したオーブンにクーラーごと入れ、32分ほど焼く。焼き上がっ
　　たらオーブンから取り出す。粗熱が取れたら型からはずし、しっかりと冷
　　ます。

3　9分立てにした生クリームを2の上にのせ、広げる[a]。

4　残りのブルーベリーを3の上に外側から並べ[b,c]、すきまを埋めるように
　　重ねてのせる[d]。

桃

材料　🥄 直径8cmのセルクル 10台分

パート・シュクレ生地 (エスプレッソ風味) ⋯ 350g
(→p13-14参照)

クレーム・ダマンド ⋯ 450g
(→p18-19参照)

カシス (冷凍) ⋯ 100g

ラズベリージャム ⋯ 80g

桃 ⋯ 5個

生クリーム ⋯ 100g

ピンクペッパー ⋯ 30粒

ピスタチオ ⋯ 5粒

溶けない粉砂糖 ⋯ 適量

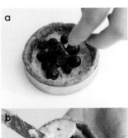

作り方

空焼き (→p13-14参照)

パート・シュクレ生地 (エスプレッソ風味) で直径8cmのタルト台を作る。170℃
に予熱したオーブンで12〜13分空焼きする。きつね色に焼き上がったら、重石
とアルミ箔をはずして、クーラーにのせて冷ます。

1　タルト台にクレーム・ダマンド⅓量を広げ、ラズベリージャム、カシスを入
　れ[**a**]、残りのクレーム・ダマンドを詰める[**b**]。

2　170℃に予熱したオーブンにクーラーごと入れ、32分ほど焼く。焼き上がっ
　たらオーブンから取り出す。粗熱が取れたら型からはずし、しっかりと冷
　ます。

3　9分立てにした生クリームを**2**の上にのせる。

4　桃の皮をむき、縦に半分に切って放射状に薄くスライスする[**c**]。½個分を1
　台にのせる。両端に1枚ずつ置いてから、残りをのせると崩れにくい[**d,e**]

5　全体に粉砂糖をふり[**f**]、ピンクペッパーと半割りにしたピスタチオをのせる。

アメリカンチェリー

材料　🔪 直径16cmのタルト型 1台分

パート・ブリゼ生地 … 150g
（→p15-17参照）

クレーム・ダマンド … 240g
（→p18-19参照）

カシス（冷凍）… 30g

アメリカンチェリー … 34〜36粒

生クリーム … 50g

＊アメリカンチェリーは種を取り［a］、キッチンペーパーの上に置いて、水気をきる。

作り方

空焼き（→p15-17参照）
パート・ブリゼ生地で直径16cmのタルト台を作る。170℃に予熱したオーブンで30〜32分空焼きする。きつね色に焼き上がったら、重石とアルミ箔をはずして、クーラーにのせて冷ます。

1　タルト台にクレーム・ダマンド⅓量を広げ、カシスを入れ、残りのクレーム・ダマンドを詰める。

2　170℃に予熱したオーブンにクーラーごと入れ、32分ほど焼く。焼き上がったらオーブンから取り出す。粗熱が取れたら型からはずし、しっかりと冷ます。

3　9分立てにした生クリームを2の上にのせ、広げる［b］。

4　アメリカンチェリーを3の上に外側から並べる［c］。

洋 梨 (バ ー ト レ ッ ト)

材料　🏴 7×22×高さ2.5cmのタルト型 1台分

パート・ブリゼ生地 … 200g
（→p15-17参照）

クレーム・ダマンド … 230g
（→p18-19参照）

レモンピール … 20g

クレーム・パティシエール … 50g
（→p24-25参照）

バカルディ … 5g

洋梨（バートレット）… 1～2個

マスカルポーネチーズ … 100g

ブラックペッパー … 少々

┌ ナパージュ・ヌートル … 10g
│　水 … 15g
└ 赤ワイン … 少々

＊小鍋にナパージュ・ヌートル、水を入れて弱～
中火にかける。混ぜながらかるく沸騰させたあと、
赤ワインを加えて混ぜる。粗熱を取ってから使う。

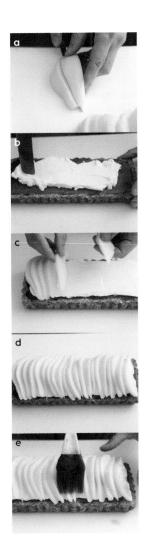

作り方

空焼き（→p15-17参照）
パート・ブリゼ生地で長方形のタルト台を作る。170℃に予熱したオーブンで
30～32分空焼きする。きつね色に焼き上がったら、重石とアルミ箔をはずして、
クーラーにのせて冷ます。

1　クレーム・パティシエールを作り（→p24-25参照）、レモンピールとともにク
　　レーム・ダマンドに加え、混ぜる。

2　タルト台に1のクレーム・ダマンドを詰める。

3　170℃に予熱したオーブンにクーラーごと入れ、40分ほど焼く。焼き上がっ
　　たらオーブンから取り出し、すぐに表面にバカルディをぬる。粗熱が取れ
　　たら型からはずし、しっかりと冷ます。

4　洋梨を¼サイズに切ってから薄くスライスする［a］。

5　マスカルポーネチーズを3のタルト台にのせ、広げる［b］。

6　4の洋梨をかるく水気を拭いて、5の上に並べる［c,d］。

7　赤ワインを混ぜたナパージュをぬり［e］、ブラックペッパーを挽いてかける。

マンゴー & ココナッツ

材料 ⚑ 直径8cmのセルクル 10台分

パート・シュクレ生地 … 350g
（→p13-14参照）

クレーム・ダマンド … 500g
（→p18-19参照）

ドライマンゴー … 30g

ココナッツファイン … 20g

マンゴー … 2個

レモン果汁 … 適量

サワークリーム … 120g

クコの実 … 40粒

作り方

空焼き（→p13-14参照）
パート・シュクレ生地で直径8cmのタルト台を作る。170℃に予熱したオーブンで12〜13分空焼きする。きつね色に焼き上がったら、重石とアルミ箔をはずして、クーラーにのせて冷ます。

1 5mm角に切ったドライマンゴー、ココナッツファインをクレーム・ダマンドに加えて混ぜる［a, b］。

2 1のクレーム・ダマンドをタルト台に詰める［c］。

3 170℃に予熱したオーブンにクーラーごと入れ、32分ほど焼く。焼き上がったらオーブンから取り出す。粗熱が取れたら型からはずし、しっかりと冷ます。

4 サワークリームを3の上にのせる［d］。

5 マンゴーは皮をむいて5mm角に切り、レモン果汁でかるくあえる［e］。

6 4の上に5のマンゴーをこんもりとのせる［f］。

7 クコの実を1台に4粒ずつのせる。

マロン

柿

マ ロ ン

材料 🔪 直径22cmのタルト型 1台分

パート・ブリゼ生地 … 250g
(→p15-17参照)

クレーム・ダマンド … 500g
(→p18-19参照)

カシス (冷凍) … 60g

マイヤーズラム … 10g

栗の渋皮煮 … 1½個

生クリーム … 100g

ピスタチオ (刻み) … 適量

溶けない粉砂糖 … 適量

★マロンクリーム

┌ マロンペースト … 300g

　バター (食塩不使用) … 30g
　*室温に戻す。

　生クリーム … 50g

　卵黄 … 1個分

└ マイヤーズラム … 小さじ1½

─ *Memo* ─

マロンペーストを手作り
するときは、栗の渋皮煮
300gとそのシロップ少
量をミキサーにかけ、ペー
スト状にします。裏ごし
はずに、ところどころ
に粒が残った状態で使う
と、食感が楽しめます。

作り方

空焼き (→p15-17参照)

パート・ブリゼ生地で直径22cmのタルト台を作る。170℃に予熱
したオーブンで30〜32分空焼きする。きつね色に焼き上がったら、
重石とアルミ箔をはずして、クーラーにのせて冷ます。

1 タルト台にクレーム・ダマンド⅓量を広げ、カシスを入れ、残り
　のクレーム・ダマンドを詰める。

2 170℃に予熱したオーブンにクーラーごと入れ、40分ほど焼く。
　焼き上がったらオーブンから取り出し、すぐに表面にマイヤー
　ズラムをぬる。粗熱が取れたら型からはずし、しっかりと冷ま
　す。

3 マロンクリームを作る。マロンペーストをボウルに入れる。別の
　ボウルにバターを入れ、木ベラでクリーム状にし、少量のマロ
　ンペーストを入れて混ぜ、なじませる [a]。これをマロンペース
　トのボウルに戻し、混ぜる [b]。さらに卵黄、9分立てにした
　生クリーム、マイヤーズラムを加えて混ぜる。

4 9分立てにした生クリームを2のタルト台にのせ、広げる。

5 3のマロンクリームを直径6mmの口金をつけたしぼり袋に入れ、
　4のタルト台の中心からぐるぐるとしぼる [c]。3段ほど重ねる
　[d, e]。

6 全体に粉砂糖をふり [f]、端にピスタチオをふる。中央に半割
　りにした栗の渋皮煮をのせる。

─ *Memo* ─

ここでは、使用済みの乾燥させたバニラビーンズのさやを飾っ
ています。

柿

材料　　🍴 直径22cmのタルト型 1台分

パート・ブリゼ生地 … 250g
（→p15-17参照）

クレーム・ダマンド … 570g
（→p18-19参照）

ドライクランベリー … 30g

ラズベリージャム … 30g

バカルディ … 10g

柿（種なし）… 4〜5個

生クリーム … 100g

ピンクペッパー … 適量

ローズマリー … 適宜

┌ ナパージュ・ヌートル … 10g

│ 水 … 15g

└ 赤ワイン … 少々

＊小鍋にナパージュ・ヌートル、水を入れて弱〜中火にかける。混ぜながらかるく沸騰させたあと、赤ワインを加えて混ぜる。粗熱を取ってから使う。

作り方

空焼き（→p15-17参照）
パート・ブリゼ生地で直径22cmのタルト台を作る。170℃に予熱したオーブンで30〜32分空焼きする。きつね色に焼き上がったら、重石とアルミ箔をはずして、クーラーにのせて冷ます。

1　タルト台にクレーム・ダマンド⅓量を広げ、ラズベリージャム、刻んだドライクランベリーを入れ、残りのクレーム・ダマンドを詰める。

2　170℃に予熱したオーブンにクーラーごと入れ、40分ほど焼く。焼き上がったらオーブンから取り出し、すぐに表面にバカルディをぬる。粗熱が取れたら型からはずし、しっかりと冷ます。

3　柿を縦に¼にカットし、5mmほどの厚さにスライスする[a]。

4　9分立てにした生クリームを2の上にのせ、広げる。

5　3の柿を4の上に外側から並べる[b]。1周ごとに重ねる向きを逆にするとよい。中央は小さい柿を下に敷いて高さを出すときれいに盛り付けられる[c, d]。

6　赤ワインを混ぜたナパージュをぬる[e]。

7　ピンクペッパーをのせ、好みでローズマリーを飾る。

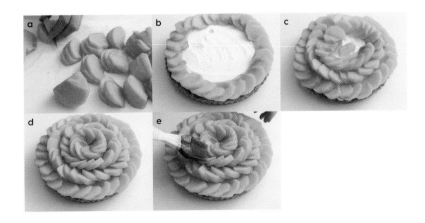

47

BAKED TARTE

ベイクドタルト

フルーツやチーズ、チョコレートなどをのせて、焼き込んで仕上げます。
タルト生地との一体感が、味わい深さを生み出します。

アップルタルト

材料 ⚑ 直径18cmのタルト型 1台分

パート・ブリゼ生地 … 180g
(→p15-17参照)

クレーム・ダマンド … 360g
(→p18-19参照)

ブルーベリージャム … 40g

りんご(紅玉) … 中3個

溶かしバター(食塩不使用) … 適量

溶き卵 … ½個分

カソナード、バニラシュガー、シナモン、
クローブ、ブラックペッパー … 各適量

┌ ナパージュ・ヌートル … 10g
│ 水 … 15g
└ 赤ワイン … 少々

*小鍋にナパージュ・ヌートル、水を入れて弱〜中火
にかける。混ぜながらかるく沸騰させたあと、赤ワイン
を加えて混ぜる。粗熱を取ってから使う。

┌─ *Memo* ─┐

バニラシュガーは手作りできます。使っ
たあとのバニラビーンズのさやを洗って、
しっかりと乾燥させてからグラニュー糖
の中に入れてしばらくおきます。香りが
うつったら、バニラビーンズのさやとグ
ラニュー糖をミキサーにかけます。

└────────┘

作り方

空焼き(→p15-17参照)
パート・ブリゼ生地で直径18cmのタルト台を作る。170℃に予熱
したオーブンで30〜32分空焼きする。きつね色に焼き上がったら、
重石とアルミ箔をはずして、クーラーにのせて冷ます。

1 タルト台にクレーム・ダマンド⅓量を広げ、ブルーベリージャム
を入れ、残りのクレーム・ダマンドを詰める[a]。

2 りんごは皮をむき、縦に半分に割って種を取り、薄切りにする
[b]。

3 2で出た切れ端のりんごを1の中央に盛り、その周りに薄切り
にしたりんごを少し重ねるようにして並べる[c]。外側、内側と
2周し、最後に中央にものせる[d]。

4 溶かしバターをはけでぬり、冷蔵庫で30分休ませる。

5 溶き卵をはけでぬり、カソナード、バニラシュガー、クローブ、
シナモンをふり、ブラックペッパーを挽いてかける[e,f]。

6 190℃に予熱したオーブンにクーラーごと入れ、50分焼く。170
℃に温度を下げ、さらに40分焼く。焼き上がったらオーブンか
ら取り出す。粗熱が取れたら、型からはずす。

7 赤ワインを混ぜたナパージュをぬる。

アップル & クランブル

材料　🍴 直径8cmのセルクル 10台分

パート・シュクレ生地 … 350g
(→p13-14参照)

クレーム・ダマンド … 350g
(→p18-19参照)

りんご (紅玉) … 小2個

カレンズ … 50g

バター (食塩不使用) … 10g

シナモン … 少々

ブランデー … 小さじ1 ½

レモン果汁 … 少々

ピンクペッパー、ミント … 各適量

溶けない粉砂糖 … 適量

★ スパイスクランブル (→p54参照)

- 薄力粉 … 50g
  アーモンドプードル … 40g
  皮付きアーモンドプードル … 10g
  オートミール … 35g
  黒糖 … 35g
  粉砂糖 … 35g
  バター (食塩不使用) … 50g
  ミックススパイス … 約大さじ1
  (シナモン小さじ2、ジンジャー小さじ1/3、
  ナツメグ小さじ1/3、クローブ少々)

作り方

空焼き (→p13-14参照)
パート・シュクレ生地で直径8cmのタルト台を作る。170℃に予熱したオーブンで12〜13分空焼きする。きつね色に焼き上がったら、重石とアルミ箔をはずして、クーラーにのせて冷ます。

1　スパイスクランブルを作る (→p54参照)。

2　りんごは皮をむき、いちょう切りにする。強火に熱したフライパンにバターを溶かし、りんごをソテーする。カレンズを加えて軽く混ぜる[a]。シナモンを加えて水気がなくなるまで炒め[b]、ブランデー、レモン果汁を加えて軽く混ぜる。バットに取り、冷ます。

3　タルト台にクレーム・ダマンド⅓量を広げ、2を1台約30gずつ入れ、残りのクレーム・ダマンドを詰める[c]。

4　3の上に残りの2、スパイスクランブルの順にのせる。

5　170℃に予熱したオーブンにクーラーごと入れ、30〜35分焼く。焼き上がったらオーブンから取り出す。粗熱が取れたら、型からはずす。

6　縁に粉砂糖をふり、ピンクペッパーをのせる。中央にミントを飾る[d]。

クランブルの作り方

クランブル（Crumble）とは、ポロポロした状態に崩れる、という意味で、
食感が楽しいクランブルは、フルーツのタルトにもよくあいます。
砂糖、バター、小麦粉が基本の材料とされているレシピをアレンジしています。

材料　　　　　　　　　　　　🏳 仕上がり量255g

薄力粉 … 50g　　　　　　　　黒糖 … 35g

アーモンドプードル … 40g　　　粉砂糖 … 35g

皮付きアーモンドプードル … 10g　バター（食塩不使用）… 50g

オートミール … 35g

作り方

1 薄力粉、アーモンドプードル、黒糖、粉砂糖をふるいにかける。抹茶、スパイスを入れる場合はここでいっしょにふるう。

2 室温に戻したバターを入れ、カードで切るように混ぜ合わせる。

3 2にオートミールを入れ、さらにカードでよく混ぜる。

4 手の平で押してから手で崩す。

5 ポロポロした状態にする。

冷凍用保存袋に入れ、冷凍保存が可能（1週間）。できるだけ空気を抜いて封をする。

アパレイユの作り方

アパレイユは粉類、牛乳、卵などを混ぜ合わせて作る、液状の生地のこと。
クレーム・ダマンドのかわりにタルト台に流し、フルーツといっしょに焼き上げます。
この本ではアメリカンチェリー・クラフティ（p56）とバナナ＆ココナッツ（p64）に使っています。

材料　　　　　　　　　　　　　　　　　🔪 仕上がり量470g

卵 … 3個　　　　　　　　　　サワークリーム … 100g
グラニュー糖 … 112g　　　　牛乳 … 100g
薄力粉 … 11g　　　　　　　　バニラビーンズ … ½さや分
強力粉 … 3g　　　　　　　　*薄力粉と強力粉はふるっておく。

作り方

1 ボウルに卵を溶き、グラニュー糖を加えて、混ぜる。

2 1に薄力粉と強力粉を加えて、混ぜる。

3 鍋に牛乳、サワークリームを入れ、バニラビーンズをしごいて入れる。しごいたバニラビーンズのさやも入れて、弱火にかけ温める。

4 沸騰直前で火を止め、少量ずつ2のボウルに加える。常に混ぜながら加えること。

5 よく混ぜたら、一旦漉して使う。

アメリカンチェリークラフティ

材料　🔧 直径18㎝のタルト型 1台分

パート・ブリゼ生地 … 180g
(→p15-17参照)

クレーム・ダマンド … 100g
(→p18-19参照)

★アパレイユ (→p55参照)
- 卵 … 1 ½個
- グラニュー糖 … 56g
- 薄力粉 … 6g
- 強力粉 … 2g
- サワークリーム … 50g
- 牛乳 … 50g
- バニラビーンズ … ¼本
- コアントロー … 5g

アメリカンチェリー … 28〜30個

作り方

空焼き(→p15-17参照)
パート・ブリゼ生地で直径18㎝のタルト台を作る。170℃に予熱したオーブンで30〜32分空焼きする。きつね色に焼き上がったら、重石とアルミ箔をはずして、クーラーにのせて冷ます。

1　タルト台にクレーム・ダマンドを広げ、170℃に予熱したオーブンにクーラーごと入れ、32分ほど焼く。焼き上がったらオーブンから取り出す。粗熱が取れたら、型からはずす。

2　アパレイユを作る (→p55参照。工程4でコアントローを加える)。

3　1のタルト台にアメリカンチェリーを外側から並べ[a]、2のアパレイユを流し入れる[b,c]。

4　170℃に予熱したオーブンに入れ、途中アパレイユを足しながら[d]、30〜32分焼く[e]。焼き上がったら、オーブンから取り出す。粗熱が取れたら、型からはずす。

いよかん & ミント

材料 　　　　　　　　🐦 直径8cmのセルクル 10台分

パート・シュクレ生地（エスプレッソ風味）… 350g
（→p13-14参照）

クレーム・ダマンド … 350g
（→p18-19参照）

ミント … 30枚

レモンピール … 70g

ホワイトチョコチップ … 120g

いよかん … 3〜4個
＊いよかんは厚く皮をむいて、ひと房ごとにナイフを入れて切り
出す［a］。

ピスタチオ … 5個

ピスタチオ（刻み）… 適量

溶けない粉砂糖 … 適量

作り方

空焼き（→p13-14参照）
パート・シュクレ生地（エスプレッソ風味）で直径8cmのタルト台を作る。170℃
に予熱したオーブンで12〜13分空焼きする。きつね色に焼き上がったら、重石
とアルミ箔をはずして、クーラーにのせて冷ます。

1 ミントをみじん切りにしてクレーム・ダマンドに加え、混ぜる。

2 タルト台に1のクレーム・ダマンド⅓量を広げ、レモンピール、ホワイトチョ
　 コチップを入れ［b］、残りのクレーム・ダマンドを詰める［c］。

3 1台にいよかん4切れ（いよかんの大きさによる）をのせる［d］。

4 170℃に予熱したオーブンにクーラーごと入れ、33分焼く。焼き上がったら
　 オーブンから取り出す。粗熱が取れたら、型からはずす。

5 縁に粉砂糖、ピスタチオ（刻み）をふり［e］、中央に半割りにしたピスタチ
　 オをのせる［f］。

ストロベリー＆クランブル

材料　🏴 直径8cmのセルクル 10台分

パート・シュクレ生地 … 350g
(→p13-14参照)

クレーム・ダマンド … 450g
(→p18-19参照)

いちご … 20粒

フランボワーズジャム … 30g

いちご … 35〜40粒

溶けない粉砂糖 … 適量

ローズマリー … 少々

★クランブル (→p54参照)
- 薄力粉 … 50g
- アーモンドプードル … 40g
- 皮付きアーモンドプードル … 10g
- オートミール … 35g
- 黒糖 … 35g
- 粉砂糖 … 35g
- バター (食塩不使用) … 50g

作り方

空焼き (→p13-14参照)
パート・シュクレ生地で直径8cmのタルト台を作る。170℃に予熱したオーブンで12〜13分空焼きする。きつね色に焼き上がったら、重石とアルミ箔をはずして、クーラーにのせて冷ます。

1 クランブルを作る (→p54参照)。

2 タルト台にクレーム・ダマンド⅓量を広げ、フランボワーズジャムを入れる [a]。5mm角に切ったいちご (1台2粒分) を入れ [b]、残りのクレーム・ダマンドを詰める [c]。

3 2の上に縦に½に切ったいちご [d]、クランブルの順にのせる [e]。

4 170℃に予熱したオーブンにクーラーごと入れ、32分ほど焼く。焼き上がったらオーブンから取り出す。粗熱が取れたら、型からはずす。

5 縁に粉砂糖をふり、中央にローズマリーを飾る。

レ モ ン タ ル ト

材料　🔪 直径18cmのタルト型 1台分

パート・ブリゼ生地 … 180g
(→p15-17参照)

クレーム・ダマンド … 100g
(→p18-19参照)

★ レモンクリーム
- 卵 … 1個
- 卵黄 … 2個分
- グラニュー糖 … 95g
- レモン果汁 … 50g
- レモンの皮 … 少々
- 溶かしバター(食塩不使用) … 20g

★ イタリアンメレンゲ
- 卵白 … 40g
- グラニュー糖 … 75g
- 水 … 20g

溶けない粉砂糖 … 適量

ピスタチオ(刻み) … 適量

作り方

空焼き(→p15-17参照)
パート・ブリゼ生地で直径18cmのタルト台を作る。170℃に予熱したオーブンで30〜32分空焼きする。きつね色に焼き上がったら、重石とアルミ箔をはずして、クーラーにのせて冷ます。

1 タルト台にクレーム・ダマンドを広げ、170℃に予熱したオーブンにクーラーごと入れ、40分ほど焼く。焼き上がったら、粗熱を取る。

2 レモンクリームを作る。鍋にレモンクリームの材料をすべて入れ、泡立て器で混ぜる。強火にかけて、よく混ぜる。色が濃くなったら火からおろす。

3 2のレモンクリームを1のタルト台に流し[a]、冷蔵庫で4〜5時間冷やす。

4 イタリアンメレンゲを作る。ボウルに卵白を入れて、泡立てる[b]。

5 小鍋にグラニュー糖と水を入れ、強火にかける。110℃まで熱したら、4を少しずつ加えて混ぜる。

6 粗熱を取ったら、星型の口金をつけたしぼり袋に入れ、3のタルトの縁一周にしぼる[c]。

┌─ Memo ─────────────────────┐
お店ではガスバーナーでメレンゲに焦げ目をつけています[d]。
└──────────────────────────┘

7 メレンゲの縁に溶けない粉砂糖をふり[e]、ピスタチオをふる。

バナナ&ココナッツ　　　　　　　　　　チョコレート

バナナ & ココナッツ

材料　🔪 直径8cmのセルクル 10台分

パート・シュクレ生地 … 500g
(→p13-14参照)

クレーム・ダマンド … 100g
(→p18-19参照)

★アパレイユ (→P55参照)
- 卵 … 1個
- グラニュー糖 … 37g
- 薄力粉 … 4g
- 強力粉 … 1g
- サワークリーム … 33g
- 牛乳 … 33g
- バナナのラム漬けの漬け汁 … 30g
- ココナッツファイン … 20g

- バナナ … 5〜6本
- グラニュー糖 … 24g
- レモン果汁 … 24g
- ホワイトラム (またはバカルディ) … 24g

- レーズン … 30g
- ホワイトラム (またはバカルディ) … 適量

ココナッツロング … 20g

ブラックペッパー … 適量

溶けない粉砂糖 … 適量

ピスタチオ (刻み) … 適量

作り方

空焼き (→p13-14参照)
パート・シュクレ生地で直径8cmのタルト台を作る。170℃に予熱したオーブンで12〜13分空焼きする。きつね色に焼き上がったら、重石とアルミ箔をはずして、クーラーにのせて冷ます。

1　レモン果汁、ホワイトラムを混ぜたものにグラニュー糖を加えて、混ぜる。グラニュー糖が溶けたら、輪切りにしたバナナを漬ける。レーズンをホワイトラムに漬ける。いずれも一晩おくとよい。

2　アパレイユを作り (→p55参照)、1の漬け汁とココナッツファインを加えて混ぜる[a]。

3　タルト台にクレームダマンドを広げ、1のバナナを1台4切れ並べる[b]。すき間にラム漬けしたレーズンを入れる[c]。

4　2のアパレイユを入れ[d]、真ん中に1のバナナ1切れをのせる[e]。ココナッツロングをのせ、ブラックペッパーを挽いてかける[f]。

5　170℃に予熱したオーブンにクーラーごと入れ、32分ほど焼く。焼き上がったら、オーブンから取り出す。粗熱が取れたら、型からはずす。

6　縁に粉砂糖とピスタチオをふる。

チョコレート

材料　　　　🔪 直径8cmのセルクル 6台分

パート・シュクレ生地 … 210g
（→p13-14参照）

クレーム・ダマンド … 60g
（→p18-19参照）

オレンジピール … 24g

オレンジ … 1〜2個

*オレンジは厚く皮をむいて、ひと房ごとにナイフを入れて切り出す。

★ チョコレートガナッシュ
- チョコレート … 85g
- 生クリーム … 65g
- 牛乳 … 20g
- バター … 17g
- グランマルニエ … 13g

フランボワーズフレーク（フリーズドライ）
… 少々

作り方

空焼き（→p13-14参照）
パート・シュクレ生地で直径8cmのタルト台を作る。170℃に予熱したオーブンで12〜13分空焼きする。きつね色に焼き上がったら、重石とアルミ箔をはずして、クーラーにのせて冷ます。

1　タルト台にクレーム・ダマンドを広げ、オレンジピール、オレンジ2切れを入れる［a］。

2　170℃に予熱したオーブンにクーラーごと入れ、20分ほど焼く。焼き上がったらオーブンから取り出す。粗熱が取れたら、型からはずす。

3　チョコレートガナッシュを作る。ボウルにチョコレートを入れて湯せんで溶かす。小鍋に生クリーム、牛乳、バターを入れて弱火にかけて混ぜる。これを湯せんで溶かしたチョコレートに少量ずつ加えて、そのつどよく混ぜる［b］。

4　香りづけに、グランマルニエを加えて混ぜる［c］。

5　2のタルト台に4のチョコレートガナッシュを流し入れる［d］。

6　冷蔵庫で4〜5時間冷やし固め、中央にフランボワーズフレークを飾る。

いちじく＆ルバーブジャム

材料　　直径8cmのセルクル 10台分

パート・シュクレ生地 … 350g
（→p13-14参照）

クレーム・ダマンド … 450g
（→p18-19参照）

ルバーブジャム … 40g

いちじく … 7～8個

タイム … 適量

作り方

空焼き（→p13-14参照）
パート・シュクレ生地で直径8cmのタルト台を作る。170℃に予熱したオーブン
で12～13分空焼きする。きつね色に焼き上がったら、重石とアルミ箔をはずし
て、クーラーにのせて冷ます。

1 タルト台にクレーム・ダマンド⅓量を広げ、ルバーブジャムを入れ［a］、残り
　のクレーム・ダマンドを詰める［b］。

2 いちじくは縦に薄くスライスする［c］。1の上に並べる［d］。

3 170℃に予熱したオーブンにクーラーごと入れ、32分ほど焼く。焼き上がっ
　たらオーブンから取り出す。粗熱が取れたら、型からはずす。

4 タイムを飾る。

オ レ ン ジ & ナ ッ ツ

材料　🔪 直径8cmのセルクル 10台分

パート・シュクレ生地 … 350g
（→p13-14参照）

クレーム・ダマンド … 350g
（→p18-19参照）

オレンジピール … 80g

チョコレートチップ … 120g

くるみ … 50g

オレンジ … 3〜4個
＊オレンジは厚く皮をむいて、ひと房ごとにナイフを
入れて切り出す［a］。

くるみ … 少々

溶けない粉砂糖 … 適量

ピンクペッパー、ミント … 各適量

> *Memo*
>
> くるみはローストしてから
> 使いましょう。天板に重な
> らないように広げ、160℃
> に予熱したオーブンで10
> 〜12分ほどローストします。
> 焦げないよう、途中で混ぜ
> たり時間の調節をしたりし
> てください。

作り方

空焼き（→p13-14参照）
パート・シュクレ生地で直径8cmのタルト台を作る。170℃に予熱したオーブン
で12〜13分空焼きする。きつね色に焼き上がったら、重石とアルミ箔をはずし
て、クーラーにのせて冷ます。

1 タルト台にクレーム・ダマンド⅓量を広げ、オレンジピール、チョコレートチッ
  プを入れ［b］、ローストしたくるみを適当な大きさに割って入れる［c］。残
  りのクレーム・ダマンドを詰める［d］。

2 ローストしたくるみを端に押し込むようにのせ［e］、オレンジ5〜6切れ（オレ
  ンジの大きさによる）をのせる［f］。

3 170℃に予熱したオーブンにクーラーごと入れ、33分焼く。焼き上がったら
  オーブンから取り出す。粗熱が取れたら、型からはずす。

4 縁に粉砂糖をふり、ピンクペッパーをのせる。中央にミントを飾る。

くるみ

材料　🥄 直径18cmのタルト型 1台分

パート・ブリゼ生地 … 180g
(→p15-17参照)

くるみ … 120g

生クリーム … 100g

ブラウンシュガー … 50g

ココナッツファイン … 10g

卵黄 … 1個分

ブランデー … 8g

- ナパージュ・ヌートル … 10g
- 水 … 15g
- チョコレートシロップ … 2g

＊小鍋にナパージュ・ヌートル、水を入れて弱〜中火にかけ、混ぜながらかるく沸騰させる。チョコレートシロップを加えて混ぜる。粗熱を取ってから使う。

Memo

くるみはローストしてから使いましょう。天板に重ならないように広げ、160℃に予熱したオーブンで10〜12分ほどローストします。焦げないよう、途中で混ぜたり時間の調節をしたりしてください。

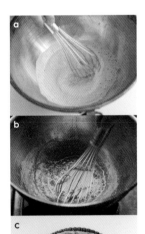

作り方

空焼き（→p15-17参照）
パート・ブリゼ生地で直径18cmのタルト台を作る。170℃に予熱したオーブンで30〜32分空焼きする。きつね色に焼き上がったら、重石とアルミ箔をはずして、クーラーにのせて冷ます。

1　鍋（ここでは銅鍋）に生クリーム、ブラウンシュガーを入れる。ごく弱火にかけ、黒蜜のようになるまで混ぜる[a, b]。

2　1にココナッツファイン、溶いた卵黄、ブランデーを加え、そのつど混ぜる。しっかり混ざったら、火からおろす。

3　タルト台にローストしたくるみを敷き、2を流し入れる[c]。

4　170℃に予熱したオーブンにクーラーごと入れ、25分ほど焼く。焼き上がったらオーブンから取り出す。粗熱が取れたら、型からはずす。

5　チョコレートシロップを混ぜたナパージュをぬる[d]。

いちご＆抹茶クランブル

材料　🔖 直径8cmのセルクル 10台分

パート・シュクレ生地 … 350g
(→p13-14参照)

クレーム・ダマンド … 450g
(→p18-19参照)

いちご … 20粒

甘納豆 … 30g

ホワイトチョコチップ … 20g

いちご … 35〜40粒

★ 抹茶クランブル (→p54参照)
- 薄力粉 … 50g
- アーモンドプードル … 40g
- 皮付きアーモンドプードル … 10g
- オートミール … 35g
- 黒糖 … 35g
- 粉砂糖 … 35g
- バター (食塩不使用) … 50g
- 抹茶 … 大さじ1

作り方

空焼き (→p13-14参照)
パート・シュクレ生地で直径8cmのタルト台を作る。170℃に予熱したオーブンで12〜13分空焼きする。きつね色に焼き上がったら、重石とアルミ箔をはずして、クーラーにのせて冷ます。

1　抹茶クランブルを作る (→p54参照)。

2　タルト台にクレーム・ダマンド⅓量を広げ、甘納豆、ホワイトチョコチップを入れる [a]。5mm角に切ったいちご (1台2粒分) を入れ [b]、残りのクレーム・ダマンドを詰める [c]。

3　½に切ったいちご [d]、抹茶クランブルの順にのせる [e]。

4　170℃に予熱したオーブンにクーラーごと入れ、32分ほど焼く。焼き上がったらオーブンから取り出す。粗熱が取れたら、型からはずす。

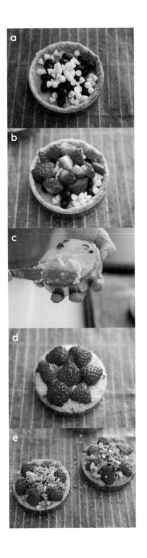

75　　　BAKED TARTE

チーズタルト

材料　🔪 直径18cmのタルト型 1台分

パート・ブリゼ生地 … 180g
(→p15-17参照)

クリームチーズ … 200g

牛乳 … 15g

生クリーム … 15g

バニラビーンズ … ¼さや分

卵黄 … 1 ½個分

薄力粉 … 5g

コーンスターチ … 5g

レモン果汁 … 小さじ2

卵白 … 1 ½個分

グラニュー糖 … 25g

作り方

空焼き（→p15-17参照）
パート・ブリゼ生地で直径18cmのタルト台を作る。170℃に予熱したオーブンで30～32分空焼きする。きつね色に焼き上がったら、重石とアルミ箔をはずして、クーラーにのせて冷ます。

1　クリームチーズをボウルに入れて湯せんで温め、やわらかくする[a]。

2　別のボウルに牛乳、生クリームを入れる。バニラビーンズをさやからしごいて加え、混ぜる。これを少しずつ1に加え、混ぜる[b, c]。

3　2に溶いた卵黄を加え、混ぜる。

4　3に薄力粉とコーンスターチをふるい入れ、混ぜる。

5　4にレモン果汁を加え、混ぜる。

6　別のボウルに卵白、グラニュー糖を入れて泡立て、メレンゲを作る[d]。

7　6のメレンゲを2回に分けて5に加え、混ぜる。

8　7をタルト台に入れ、カードで平らにならす[e]。

9　170℃に予熱したオーブンにクーラーごと入れ、32分ほど焼く。焼き上がったら[f]粗熱を取り、生地が落ち着き、冷めたら型からはずす。

プルーン & クリームチーズ

材料

🔖 直径8cmのセルクル 10台分

パート・シュクレ生地 … 350g
(→p13-14参照)

クレーム・ダマンド … 400g
(→p18-19参照)

クリームチーズ … 100g

★プルーンの赤ワイン煮
- プルーン … 150g
- 赤ワイン … 100g
- シナモンスティック … 1本

★スパイスクランブル (→p54参照)
- 薄力粉 … 50g
- アーモンドプードル … 40g
- 皮付きアーモンドプードル … 10g
- オートミール … 35g
- 黒糖 … 35g
- 粉砂糖 … 35g
- バター (食塩不使用) … 50g
- ミックススパイス … 約大さじ1
  (シナモン小さじ2、ジンジャー小さじ1/3、
  ナツメグ小さじ1/3、クローブ少々)

溶けない粉砂糖 … 適量

作り方

空焼き (→p13-14参照)
パート・シュクレ生地で直径8cmのタルト台を作る。170℃に予熱したオーブンで12〜13分空焼きする。きつね色に焼き上がったら、重石とアルミ箔をはずしてクーラーにのせて冷ます。

1 スパイスクランブルを作る (→p54参照)。

2 鍋にプルーン、赤ワイン、シナモンスティックを入れて火にかける。沸騰したら弱火にし、20分ほど煮る。

3 タルト台にクレームダマンド1/3量を広げ、プルーンの赤ワイン煮 (1台5切れほど)、3〜4cmの大きさに薄く切ったクリームチーズを入れて [a]、残りのクレーム・ダマンドを詰める [b,c]。

4 2の上にプルーン4切れ [d]、スパイスクランブルの順にのせる [e]。プルーンが表面に出ていると、焼いたあと固くなってしまうので、クランブルでプルーンをしっかり隠すこと。

5 170℃に予熱したオーブンにクーラーごと入れ、32分ほど焼く。焼き上がったらオーブンから取り出す。粗熱が取れたら、型からはずす。

6 縁に粉砂糖をふる。

ブルーベリー & クランブル

材料   🏴 直径8cmのセルクル 10台分

パート・シュクレ生地（エスプレッソ風味）… 350g
（→p13-14参照）

クレーム・ダマンド … 450g
（→p18-19参照）

ブルーベリー … 60〜70g

ブルーベリージャム … 50g

ブルーベリー … 120〜130g

★ スパイスクランブル（→p54参照）

┌ 薄力粉 … 50g
│ アーモンドプードル … 40g
│ 皮付きアーモンドプードル … 10g
│ オートミール … 35g
│ 黒糖 … 35g
│ 粉砂糖 … 35g
│ バター（食塩不使用）… 50g
│ ミックススパイス … 約大さじ1
│ （シナモン小さじ2、ジンジャー小さじ1/3、
└ ナツメグ小さじ1/3、クローブ少々）

作り方

空焼き（→p13-14参照）
パート・シュクレ生地（エスプレッソ風味）で直径8cmのタルト台を作る。170℃
に予熱したオーブンで12〜13分空焼きする。きつね色に焼き上がったら、重石
とアルミ箔をはずして、クーラーにのせて冷ます。

1   スパイスクランブルを作る（→p54参照）。

2   タルト台にクレーム・ダマンド⅓量を広げ、ブルーベリージャム、ブルーベ
    リーを1台6〜7粒を入れ［a］、残りのクレーム・ダマンドを詰める［b,c］。

3   1の上にブルーベリー12〜13粒、スパイスクランブルの順にのせる［d］。

4   170℃に予熱したオーブンにクーラーごと入れ、32分ほど焼く。焼き上がっ
    たらオーブンから取り出す。粗熱が取れたら、型からはずす。

洋梨 & カシス

材料　　　　　　　　　　🔖 直径18cmのタルト型 1台分

パート・ブリゼ生地 … 180g
（→p15-17参照）

クレーム・ダマンド … 360g
（→p18-19参照）

カシス（冷凍）… 20g

┌ 洋梨（缶詰）… 半割を7〜8個
└ マイヤーズラム … 10g

マイヤーズラム … 5g

┌ ナパージュ・ヌートル … 10g
│ 水 … 15g
└ 赤ワイン … 少々

＊小鍋にナパージュ・ヌートル、水を入れ
て弱〜中火にかける。混ぜながらかるく
沸騰させたあと、赤ワインを加えて混ぜ
る。粗熱を取ってから使う。

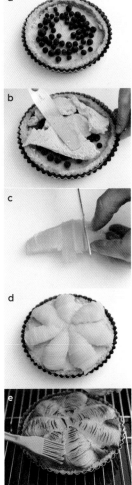

作り方

空焼き（→p15-17参照）
パート・ブリゼ生地で直径18cmのタルト台を作る。170℃に予熱したオーブン
で30〜32分空焼きする。きつね色に焼き上がったら、重石とアルミ箔をはずし
て、クーラーにのせて冷ます。

1　洋梨は汁気を切ってマイヤーズラム10gに漬け、一晩置く。

2　タルト台にクレーム・ダマンド1/3量を広げてカシスを入れ[a]、残りのクレー
　ム・ダマンドを詰める[b]。

3　1の洋梨を汁気を切って2〜3mm厚さにスライスし[c]、2のタルト台に並べ
　る。1列のせたら、次は反対側にのせていくようにするときれいに並べられ
　る。洋梨の大きさにあわせて7〜8列をバランスよくのせる[d]。

4　170℃に予熱したオーブンにクーラーごと入れ、40〜45分ほど焼く。焼き上
　がったらオーブンから取り出し、すぐに表面にマイヤーズラムをぬる[e]。粗
　熱が取れたら、型からはずす。

┌ *Memo* ─────────────────────────
│ ガスバーナーがあれば、洋梨に焦げ目をつけるとおいしそうに仕上がります。洋
│ 梨の真ん中をねらって焦がすのがポイントです。
└─────────────────────────────────

5　赤ワインを混ぜたナパージュをぬる。

ル バ ー ブ & ク ラ ン ブ ル

材料　　　🔻 直径8cmのセルクル 10台分

パート・シュクレ生地 (エスプレッソ風味) … 350g
(→p13-14参照)

クレーム・ダマンド … 500g
(→p18-19参照)

ルバーブジャム … 100g

┌ ルバーブ … 2本 (300g)
└ グラニュー糖 … 150g

＊ルバーブは3cmほどの長さに切り、あく抜きのためグラニュー
糖をまぶして一晩おく。使うときは汁気を切ること。

★ スパイスクランブル (→p54参照)

┌ 薄力粉 … 50g
│ アーモンドプードル … 40g
│ 皮付きアーモンドプードル … 10g
│ オートミール … 35g
│ 黒糖 … 35g
│ 粉砂糖 … 35g
│ バター (食塩不使用) … 50g
│ ミックススパイス … 約大さじ1
│ (シナモン小さじ2、ジンジャー小さじ1/3、
└ ナツメグ小さじ⅓、クローブ少々)

作り方

空焼き (→p13-14参照)
パート・シュクレ生地 (エスプレッソ風味) で直径8cmのタルト台を作る。170℃
に予熱したオーブンで12〜13分空焼きする。きつね色に焼き上がったら、重石
とアルミ箔をはずして、クーラーにのせて冷ます。

1 スパイスクランブルを作る (→p54参照)。

2 タルト台にクレーム・ダマンド½量を広げ、ルバーブジャム、あく抜きしたル
バーブを入れ [a]、残りのクレーム・ダマンドを詰める [b]。

3 2の上に残りのルバーブ [c]、スパイスクランブルの順にのせる [d]。

4 170℃に予熱したオーブンにクーラーごと入れ、32分ほど焼く。焼き上がっ
たらオーブンから取り出す。粗熱が取れたら、型からはずす。

杏 & くるみ

材料　🔪 直径16cmのタルト型1台分

パート・ブリゼ生地 … 150g
(→p15-17参照)

クレーム・ダマンド … 240g
(→p18-19参照)

ドライアプリコット … 30g

くるみ … 30g

⎡ アプリコット (缶詰) … 半割りで12個
⎣ アマレット … 10g

⎡ ナパージュ・ヌートル … 10g
⎥ 水 … 15g
⎣ 赤ワイン … 少々

＊小鍋にナパージュ・ヌートル、水、赤ワインを入れて弱〜中火にかけ、混ぜながらかるく沸騰させる。しっかりと冷ましてから使うこと。

Memo

くるみはローストしてから使いましょう。天板に重ならないように広げ、160℃に予熱したオーブンで10〜12分ほどローストします。焦げないよう、途中で混ぜたり時間の調節をしたりしてください。

作り方

空焼き (→p15-17参照)

パート・ブリゼ生地で直径16cmのタルト台を作る。170℃に予熱したオーブンで30〜32分空焼きする。きつね色に焼き上がったら、重石とアルミ箔をはずして、クーラーにのせて冷ます。

1　アプリコットは汁気を切ってアマレットに漬け、一晩置く。

2　タルト台にクレーム・ダマンド⅓量を広げ [a]、5mm角に切ったドライアプリコット、ローストしたくるみを入れ [b]、残りのクレーム・ダマンドを詰める [c]。

3　くし形に切ったアプリコットを2のタルト台の外側から内側に順に並べる [d, e]。

4　170℃に予熱したオーブンにクーラーごと入れ、45分焼く。焼き上がったらオーブンから取り出す。粗熱が取れたら、型からはずす。

5　赤ワインを混ぜたナパージュをぬる [f]。

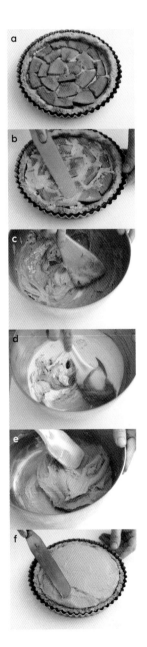

かぼちゃ

材料 ⚓ 直径18cmのタルト型 1台分

パート・ブリゼ生地 … 180g
(→p15-17参照)

クレーム・ダマンド … 100g
(→p18-19参照)

かぼちゃ (皮付き) … 100g

マイヤーズラム … 5g

かぼちゃ … 正味100g

卵 … ½個

ブラウンシュガー … 18g

生クリーム … 30g

薄力粉 … 7g

コーンスターチ … 7g

シナモンパウダー … 小さじ⅛

ジンジャーパウダー … 小さじ⅛

マイヤーズラム … 小さじ1

溶かしバター (食塩不使用) … 10g

パンプキンシード … 適量

作り方

空焼き (→p15-17参照)
パート・ブリゼ生地で直径18cmのタルト台を作る。170℃に予熱したオーブン
で30〜32分空焼きする。きつね色に焼き上がったら、重石とアルミ箔をはずし
て、クーラーにのせて冷ます。

1 かぼちゃ100gは皮ごと3mmほどの厚さの一口大の大きさに切る。皮をのぞい
  たかぼちゃは適当な大きさに切り、ともに蒸す。皮をのぞいたかぼちゃは
  つぶし、ペースト状にする。

2 タルト台にクレーム・ダマンド⅓量を広げ、一口大のかぼちゃを並べ[a]、残
  りのクレーム・ダマンドをすきまを埋めるようにして詰める[b]。

3 170℃に予熱したオーブンにクーラーごと入れ、30分ほど焼く。焼き上がっ
  たらオーブンから取り出し、すぐに表面にマイヤーズラムをぬる。

4 卵を溶き、ブラウンシュガーを加えて混ぜる。

5 ボウルにかぼちゃペーストを入れ、4を少量ずつ加えながら、混ぜる[c]。

6 生クリームを加えて、混ぜる[d]。薄力粉、コーンスターチ、シナモンパウ
  ダー、ジンジャーパウダー、マイヤーズラム、溶かしバターを加え、混ぜる
  [e]。

7 6を3の上にのせ、平らにならす[f]。

8 170°に予熱したオーブンにクーラーごと入れ、40分ほど焼く。焼き上がっ
  たらオーブンから取り出す。粗熱が取れたら、型からはずす。

9 パンプキンシードを飾る。

マロン & クランブル

材料

🏷 直径8cmのセルクル 10台分

パート・シュクレ生地 (エスプレッソ風味)
… 350g (→p13-14参照)

クレーム・ダマンド … 350g
(→p18-19参照)

栗の渋皮煮 … 5個

カシス (冷凍) … 80g

栗の渋皮煮 … 15個

ピスタチオ … 5粒

溶けない粉砂糖 … 適量

★スパイスクランブル (→p54参照)

- 薄力粉 … 50g
- アーモンドプードル … 40g
- 皮付きアーモンドプードル … 10g
- オートミール … 35g
- 黒糖 … 35g
- 粉砂糖 … 35g
- バター (食塩不使用) … 50g
- ミックススパイス … 約大さじ1
  (シナモン小さじ2、ジンジャー小さじ1/3、
- ナツメグ小さじ1/3、クローブ少々)

作り方

空焼き (→p13-14参照)
パート・シュクレ生地 (エスプレッソ風味) で直径8cmのタルト台を作る。170℃
に予熱したオーブンで12〜13分空焼きする。きつね色に焼き上がったら、重石
とアルミ箔をはずして、クーラーにのせて冷ます。

1 スパイスクランブルを作る (→p54参照)。

2 タルト台にクレーム・ダマンド1/3量を広げ、カシス、刻んだ栗の渋皮煮 (1台
1/2個分) を入れ [a , b]、残りのクレーム・ダマンドを詰める。

3 2の上に刻んだ栗の渋皮煮 [c]、スパイスクランブルの順にのせる [d]。

4 170℃に予熱したオーブンにクーラーごと入れ、32分ほど焼く。焼き上がっ
たらオーブンから取り出す。粗熱が取れたら、型からはずす。

5 縁に粉砂糖をふり、中央に半割りにしたピスタチオをのせる。

材料について

リキュール

クレーム・ダマンドに混ぜたり、フルーツを調理するときの香り付けに使用。また、焼いたクレーム・ダマンドの表面がパサつかないようにぬる液体を「ポンシュ」と言いますが、このポンシュとしても使用しています。

a アマレット*
b コアントロー*
c バカルディ
d マイヤーズラム*
e ブランデー*
f グランマルニエ*

ドライフルーツ[*]

クレーム・ダマンドの中に入れたり、トッピングにしたりします。濃縮された味と食感が、生のフルーツとは違ったアクセントに。マンゴーやアプリコットなどそのままでは大きいものは刻んでから使います。

a レモンピール
b オレンジピール
c マンゴー
d アプリコット
e プルーン

ナッツ[*]

くるみのように主役として使えるものや、トッピングに使用したり、刻んでクレーム・ダマンドの中に入れたりするものがあります。色がきれいなピスタチオは半割りにしたり細かく刻んだりして、仕上げに飾りとして使いやすい素材です。

a ピーカンナッツ
b くるみ
c ピスタチオ

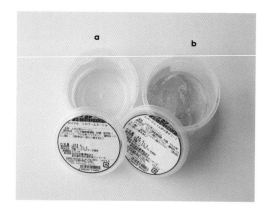

ナパージュ・ヌートル[*]

透明な上がけ用シロップ。ナパージュは通常アプリコットが主原料になっているものが多いのですが、ナパージュ・ヌートルは果汁を使っていない透明なもの。フルーツなどにはけでぬり、つやを出します。加水・加熱がいらないものと、加水・加熱が必要なものがあります。本書では加水・加熱タイプに、赤ワインなどを少量混ぜて、ほんのり色をつけて使っています。

a ミロワールヌートル（加水・加熱不要）
b ナパージュ（加水・加熱必要）

生地やクリームなどに使う基本の材料やメインとなるフルーツのほかにも
アクセントになる材料がさまざまあります。

*マーク…材料提供／富澤商店

甘納豆、チョコチップ [*]

タルトの中でアクセントになる役割を果たす製菓材料。クレーム・ダマンドの中に入れると、食べたときに驚きがあります。

a 甘納豆
b チョコチップ
c ホワイトチョコチップ

ジャム、冷凍フルーツ

クレーム・ダマンドを詰めるときにジャムを間に挟むと、食べたときのアクセントになります。手作りしても、市販品を使っても構いません。また、生のフルーツが手に入らないときは冷凍フルーツも便利です。

a フランボワーズジャム　　**d** カシス（冷凍）*
b ブルーベリージャム
c ルバーブジャム

ココナッツ [*]

ココナッツの果肉を細かく刻んで乾燥させたもの。粉末状の「ココナッツファイン」と糸状の「ココナッツロング」があります。クレーム・ダマンドに入れたり、トッピングに使ったりします。

a ココナッツファイン
b ココナッツロング

スパイス [*] ＆ハーブ（フレッシュ）

フルーツを調理するときや仕上げのトッピングとして、活躍します。少量で、クリームやフルーツの味を引き立たせてくれ、味のアクセントに。ブラックペッパーはホールで準備し、使う直前に挽くと香りが立つのでおすすめです。ハーブは甘いタルトに清涼感を与えてくれます。ドライではなくフレッシュをぜひ使ってください。

a ピンクペッパー　　　**d** バニラシュガー
b ブラックペッパー　　**e** カソナード
c クローブ（パウダー）　**f** シナモン（パウダー）

g タイム　　**h** ミント　　**i** ローズマリー

本書のタルトは
いかがでしたでしょうか。

みずみずしいフルーツとなめらかなクリーム、
味と食感のアクセントをしのばせた
クレーム・ダマンド、
粉の味わいがつまったタルト台。

それぞれの素材が、お互いのよいところを
引き出し合って、魅力的なタルトが出来上がります。

この本が、おいしいタルトと出合う
きっかけの一冊になったらうれしいです。

WOLD PASTRIES
鰤岡和子

本書は2014年12月小社刊『ひなた焼菓子店のタルト フレッシュ＆ベイクド』を改題・新装したものです。

鰤岡 和子

WOLD PASTRIES主宰。都内のカフェレストランで7年菓子作りを担当。勤務しながら職業訓練校で製菓を学ぶ。2006年、町田に自身のお店「ひなた焼菓子店」をオープン。2010年、東林間に移転し、イートインスペースを含めたお店として営業。2016年、屋号を「WOLD PASTRIES」に変えて移転し、工房のみをオープン。イベント出店や通信販売等でお菓子を届けている。

http://woldpastries.jugem.jp/
https://www.instagram.com/woldpastries/

Staff

デザイン	鳥沢智沙 (sunshine bird graphic)
撮影	公文美和
スタイリング	澤入美佳
編集協力	山元美乃

Special thanks　MOBLEY WORKS
　　　　　　　　http://www.mobley-works.com/
　　　　　　　　白土喜美
　　　　　　　　松﨑智子

＊材料提供

富澤商店

神奈川県、東京都を中心に多数の店舗を展開。菓子材料・器具のほかにもパン・料理用の素材まであらゆる食材を扱っている。
https://tomiz.com/

中沢乳業

牛乳、生クリームをはじめとした乳製品を扱う。生クリームの評価は業界内でも高く2013年、2014年モンドセレクション金賞を受賞。
TEL 03-3503-7201
http://www.nakazawa.co.jp/

タルト
フレッシュ＆ベイクド

2014年12月30日　初版発行
2020年11月20日　新装版初版印刷
2020年11月30日　新装版初版発行

著　者　鰤岡和子
発行者　小野寺優
発行所　株式会社河出書房新社
　　　　〒151-0051　東京都渋谷区千駄ヶ谷2-32-2
　　　　電話　03-3404-1201（営業）
　　　　　　　03-3404-8611（編集）
　　　　http://www.kawade.co.jp/
印刷・製本　三松堂株式会社

Printed in Japan
ISBN978-4-309-28838-3

本書の内容に関するお問い合わせは、お手紙かメール（jitsuyou@kawade.co.jp）にて承ります。恐縮ですが、お電話でのお問い合わせはご遠慮くださいますようお願いいたします。